Kathrin Buchhorn-Maurer
Als wärs ein Wunder
Zur Weihnachtszeit

Wenn im Winter der erste Schnee fiel, gerieten wir Kinder im Dorf außer Rand und Band. Wir hielten die Hände, die Zunge, das Gesicht den Schneeflocken entgegen und spürten, wie sie auf der Haut schmolzen. Die Jungs klumpten die dünne Schneedecke schnell zu Bällen, um sich gegenseitig zu bewerfen. Wir Mädchen warfen uns rücklings auf den Boden und schoben mit Armen und Beinen den Schnee zur Seite. Wenn wir vorsichtig aufgestanden waren, um nichts zu verwischen, erkannte man den Abdruck: Es waren Engel geworden. Stolz standen wir davor und bestaunten unsere Kunstwerke. Manchmal legten wir uns wieder hinein und blickten verträumt empor zum Himmel.

Einmal war es schon dunkel. Es war Weihnachtszeit und es hatte spät angefangen zu schneien. Die Sterne standen am Himmel. Die Schneeflocken schwebten auf uns herab. Meine Freundin und ich hatten uns wieder im Schnee in Engel verwandelt und fantasierten, dass wir wie Engel fliegen könnten und zu anderen Häusern hinflögen. Und wir könnten neugierig in die Fenster schauen. Und würden Menschen entdecken. Geschäftige, ruhige, fröhliche, müde, kranke, einsame; Menschen am Telefon, in geselliger Runde oder in der Küche beim Backen. Und wir würden an die Fenster klopfen und alle damit konfrontieren, dass wir Engel seien. Wir stellten uns die Reaktionen vor. Manche würden staunen, manche würden uns unwillig verscheuchen, andere würden nachfragen. Und wir beschlossen, denen, die uns glaubten, ein Geschenk zu überreichen. Wir waren sehr berechenbare Engel. Aber in unserer kindlichen Freude waren wir den Engeln auf dem Betlehemer Feld bei den Hirten doch ein bisschen ähnlich.

Als wärs ein Wunder schaut das Hirtenmädchen auf die nächtliche Szenerie. Unverwandt sieht es auf das Neugeborene. Jesus wird es heißen: Gott schafft Heil. Im Hintergrund leuchtet der Stern über den Feldern. Von dort war es herübergelaufen. Dort hüteten die Betlehemer Hirten ihre Schafe. Dort hatte ein gleißend-mächtiger Lichtglanz alle erschreckt. Dort hatten sie einzigartige Worte gehört: *Fürchtet euch nicht, denn ich verkünde euch eine große Freude, die dem ganzen Volk zuteil werden soll: Heute ist euch in der Stadt Davids der Retter geboren; er ist der Messias, der Herr. Und das soll euch als Zeichen dienen: Ihr werdet ein Kind finden, das, in Windeln gewickelt, in einer Krippe liegt.*
Was der Engel gesagt hatte, bewahrheitet sich. Das Mädchen findet in einer Tierherberge ein neugeborenes Kind, das gewickelt in einer Futterkrippe liegt. Daneben eine junge Mutter, die das Kleine liebkost. In einer zauberhaften Geste hält das Mädchen seine beiden Hände vor die Brust. Als wolle es das Wunderbare an sich drücken und bewahren.

Eigentlich war alles ganz anders. Nur zwischen März und November konnten Vieh und Menschen draußen nächtigen, wie es die Hirten taten. Im Dezember war es viel zu kühl. Ochs und Esel, bekannt aus unseren Krippenspielen, werden in der Weihnachtsgeschichte des Lukas gar nicht genannt. Eine hölzerne Futterkrippe gab es im holzarmen Palästina auch nicht, eine Krippe war dort ein Trog aus Lehm oder Stein. Maria und Josef waren keine bitterarmen Leute; sie waren gekommen, um ihren Grundbesitz vor Ort anzuzeigen. Vermutlich hatten sie ihr Privatquartier im Städtchen für die Zeit der Geburt aus Raumnot mit der Tierherberge eingetauscht.

Die biblische Weihnachtsgeschichte wurde im Lauf der Zeit zur Weihnachtslegende, die das unbeschreibliche Kommen Gottes zu uns Menschen erzählen soll. In Kälte und nächtlicher Einsamkeit kommt Gott zu den Besitzlosen, den Umherirrenden und zu den Tieren. Wird geboren als kleines, verletzliches Kind, das angewiesen ist auf Wärme und Versorgung. Kein Palast, keine kunstvoll mit exotischen Hölzern gebaute Wiege, keine Bediensteten gibt es. Womit Gott Heil schafft, hat Sieger Köder in seinem Weihnachtsbild vom Rosenberger Altar gemalt: Schlaf, Liebe, Gemeinschaft, Verheißung. Wenn das keine Wunder sind …

Maria, die junge Frau aus dem Norden des Landes, hat alles um sich herum vergessen: die fremde Umgebung, auch Josef und das Mädchen. Ihr ganzer Körper strömt liebevoll zu dem kleinen Säugling hin. Die körperliche Trennung beider liegt erst kurz zurück. Das spürt man noch. Mirjams Hände halten den neugeborenen Jesus. Er blickt munter von ihr weg. Man weiß heute, dass Säuglinge in den ersten Wochen im Abstand von zehn Sekunden ihre Mutter anblicken und dann den Blick wieder lösen. Sie suchen durch den Blickkontakt Halt und beginnen durch ein Wegschauen die Lösung aus der Symbiose mit der Mutter. Oft ein langer Weg. Bei vielen geht er bis ins Erwachsenenalter, wenn Menschen plötzlich entdecken, dass sie nicht ihren eigenen Weg gegangen sind, sondern sich von Bildern ihrer Mutter oder ihres Vaters haben leiten lassen.

Die junge Mutter, wie sie Sieger Köder gemalt hat, gewährt die Trennung. Sie wendet das Kind nicht zu ihrem Blick, sondern wartet, bis sein Blick zurückkehrt. Verlässlich ist Maria da und schenkt Liebe.

Josef, der Vater des Kindes, schläft. Nichts kann ihn wecken. Endlich kann er schlafen. Sein ungewöhnlicher Auftrag erlaubt eine Zäsur. Das Kind ist wohlbehalten geboren. Die Mutter, so gut es geht, versorgt. Er kann sich zurückziehen in den Schlaf. Josef, der Bauhandwerker, schläft im Stehen. Baut sich mit den Händen ein Kopfkissen, lehnt sich an die Balken. Die wunderlichsten Wochen hat er hinter sich. Seine Verlobte wird vor Vollzug der Ehe schwanger. Ein Engel spricht zu ihm und übergibt ihm Vaterschaft und Fürsorge für Maria. Und ein kaiserlicher Erlass veranlasst eine mühsame Reise, um sich hier in der Stadt Davids amtlich zu melden. Pflicht, Verantwortung, Fürsorge haben eine Grenze. Josef ist müde und schläft.

Niemand braucht über seine Grenze zu gehen. Damals nicht und heute nicht. Sieger Köders Josef könnte ein Vorbild sein für ausgelaugte Manager, ausgepowerte Mütter, für überdrehte Singles

oder Pädagogen im Burnout. Grenzen erkennen, einfordern, akzeptieren ist für die Seele gut. Und Schlaf garantiert neue Kreativität. Josef schläft und – wie im Matthäusevangelium berichtet wird – träumt. Dreimal erwacht er mit neuen Ideen, wie er seine Aufgabe bewältigen kann. Wenn das kein Wunder ist ...

Nah beieinander ist die kleine Weihnachtsgruppe gemalt. Der schlafende Josef schmiegt sich an Mutter und Kind, das Mädchen und der Prophet stehen schützend dabei.

Gemeinschaft entsteht durch Nähe. Durch räumlich-körperliche Nähe. Durch gemeinsames Erleben. Völlig fremde Menschen können sich nahe kommen. Eine kleine Begebenheit dazu: Mit zwei Bekannten auf einer Reise in die Türkei besichtigte ich eine Moschee. Sie steht am Gewürzmarkt in Istanbul. Es war Ramadan und eine Gruppe von Händlerinnen saß im hinteren Teil der Moschee auf dem Boden. Da es die abendliche Zeit des Fastenbrechens war, aßen und tranken die Frauen. Sie hatten als Tisch eine Plastikfolie auf den Boden ausgebreitet. Plötzlich stand eine kleine, alte Frau auf und kam auf uns zu. Die Angst, als Touristinnen etwas falsch gemacht zu haben, befiel uns. Das war es aber nicht. Wir wurden eingeladen, Platz zu nehmen, Wasser zu trinken und Brot zu essen. Gastfreundschaft wurde uns angeboten. Wir mussten nichts reden oder erklären und schon gar nicht den Raum verlassen. Ich fühlte ursprünglichste menschliche Verbundenheit und bin bis heute dankbar für diese Erfahrung.

Das Leben träumen und aufwachen und Verantwortung übernehmen.

Den ersten von Josefs Träumen hat Sieger Köder gemalt. Josef schläft auf dem Boden. Sein Leib vermengt sich mit brauner Erde. Sein Kopf liegt auf im Weiß eines Kissens aus Felsgestein. Weiß als Farbe für Unberührtheit. Was ihm von oben träumt, ist ganz und gar neu und rein für diese Welt. Der Heiland wird geboren. Als Marias Sohn. Als Josefs Kind. Drei Händepaare formen den Übergang vom Himmel zur Erde. Sie erinnern an Stufen oder an eine Leiter und geben den Traum Gottes an uns Menschen weiter. Das Heil kommt in Gestalt des göttlichen Kindes. Schon der Stammvater Jakob hatte von einer Leiter zwischen Himmel und Erde geträumt und sah den Himmel offen. Oben an der Leiter offenbarte ihm Gott, dass er Nachkommen haben würde. Gott hat sich mit Jakob verbündet. Und als Mächte, die den Kontakt in Bewegung hielten, stiegen Engel an der Leiter hinauf und hinab. Auch Josef träumt von einem Engel. Auch er ist Garant für Gottes Zuwendung zu uns Menschen.

Wer Weihnachtsbilder anschaut sieht sich vielleicht konfrontiert mit eigener Sehnsucht nach Gemeinschaft.

Vielleicht aber auch mit der distanzierenden Erfahrung: Da gehöre ich nicht dazu. Oder mit einer inneren Stimme massiver Ablehnung: Da will ich nicht dazu gehören! Wir haben alle unsere typischen Erlebensweisen im Umgang mit Gemeinschaft, mit

Nähe und Distanz. Wir kennen Gefühle, die uns abwenden lassen oder uns für Neues aufschließen. Das ist auch auf der religiösen Ebene nicht anders. Die Einladung der Engel heißt nichts anderes als dies: So wie du bist, ob nah oder fern, zugewandt oder widerspenstig, kannst du zur Krippe kommen und auf deine Weise dazugehören. Und du darfst auch wieder in deinen Alltag gehen. Und das, was du erlebt hast, in deinem Inneren mitnehmen und bewahren. Wenn das kein Wunder ist ...

Zukunftsfähig werden, das ist ein Schlagwort der Institutionen und Ämter, der Banken und Unternehmen. Damit sind Prozesse im Bereich von Organisationsentwicklung und Marktkompetenz gemeint. Dieses bizarre Wort lässt sich auch auf die Gestalt der Kirche anwenden. Kirche ist zukunftsfähig, wenn sie ihren Verheißungsschatz hütet und davon erzählt.

Denn uns ist ein Kind geboren, ein Sohn ist uns geschenkt. Die Herrschaft liegt auf seiner Schulter; man nennt ihn: Wunderbarer Ratgeber, starker Gott, Vater in Ewigkeit, Fürst des Friedens. Seine Herrschaft ist groß und der Friede hat kein Ende.

Jesaja blickt den erwarteten Friedensfürsten in den Armen seiner Mutter an. Seine Augen sind voll von den dunklen Zeiten der Vergangenheit des Volkes Israel, den Deportationen in die Fremde, der Zerstörung im eigenen Land, der Schmach der Ausbeutung. Gleichzeitig wird durch den energisch gewandten Kopf die

Hoffnung des Jesaja markiert, die Hoffnung auf ein Reich in Frieden und Gerechtigkeit. Die qualvolle Geschichte des Volkes Gottes wird sich abbilden im Sterben Jesu am Kreuz. Und dort wird sie eine neue Qualität erhalten. Gott wird ein Mitleidender und ein in allem Leid gegenwärtiger Gott sein. Die Initialen INRI, die zum Kind emporgehoben werden, benennen es als Jesus von Nazaret, den König der Juden. Friede auf Erden, sangen die Engel auf dem Hirtenfeld. Davon kann die Welt nie genug bekommen. Wenn das kein Wunder wäre ...

Wunder

wenn ich dich treffe

dann staune ich

anders als man in der schule lernt

anders als bisherige erfahrung aufweist

anders als zeitungen es schreiben

passiert es

GOTT kommt

mit licht

mit kraft

mit worten

das lied der welt ist noch nicht zu ende gesungen

solange wir staunen können

Ich fragte eine Siebzehnjährige aus meinem Umkreis, was ihr Weihnachten bedeute, und zeigte ihr Bilder von Sieger Köder. Eines wählte sie aus und hielt es längere Zeit vor sich hin. Weihnachten ist schwierig, meinte sie. Aber es ist wie das Licht auf diesem Bild, das auf den Baumstamm zukommt.

Mit so viel Kraft, dass es ihn spaltet und eine Rose wachsen kann. Gottes Licht macht uns stark wie eine Rose, die aus dem Nichts aufblüht. Und so sollen wir Gott entgegenkommen und Gutes tun. Wer das elfte Kapitel von Jesaja liest, wird auf die Ankündigung des messianischen Reiches stoßen. Sieger Köder hat es verbildlicht, das junge Mädchen hat es mit einfachen Worten erklärt. Die Rose verkörpert die menschliche Sehnsucht nach Heilung der Welt und die Schönheit von Gottes Reich.

Das wäre ein Wunder wenn ich Weihnachten neu feiern könnte, ohne das Liebgewonnene zu verlieren; dazu hätte ich Lust, meint eine Frau, die jedes Jahr mit ihren Kindern und den alt gewordenen Eltern feiert. Das wäre ein Wunder, wenn ich an Weihnachten nicht wieder mein Reisefieber bekäme und wegflöge; daheim kann ich nicht feiern, seit mein Mann gestorben ist, erzählt eine Witwe. Das wäre ein Wunder, wenn es dieses Jahr keine Gans am Weihnachtsabend gäbe, steuert ein Jugendlicher bei; warum nicht mal ein anderes Essen und andere Gäste?

Ein Wunder erleben könnte also heißen, loszulassen und sich auf

Neues einzulassen, einen Verlust betrauern zu können und offen zu sein für Veränderung. Die innere Bewegung, die es dazu braucht, ist die Bewegung auf das ersehnte Wunder zu .

Nicht müde werden
Nicht müde werden
sondern dem Wunder
leise
wie einem Vogel
die Hand hinhalten.
HILDE DOMIN

Was ich als Kind an Weihnachten am liebsten mochte, waren die frühen Morgenstunden am ersten Weihnachtsfeiertag. Der Weihnachtsbaum stand ganz allein für mich im Wohnzimmer. Geschwister und Eltern lagen noch im Bett und schliefen. Die Geschenke waren wie Osternester im Raum verteilt. Vom Vorabend hing noch der Duft der Kerzen, Plätzchenteller und Saitenwürste in der Luft. Die Unruhe der vergangenen Tage war vergessen. Ganz still war es im Haus. Kostbare Minuten, um bei mir zu sein und das Heilige der letzten Nacht zu spüren. Gott war da. Ein Gott, der in Kerzen sichtbar, in Geschenken fühlbar, in Gebäck essbar war. Ein Gott, der ganz nahe kam.

Gebet

Du Kind in der Krippe.

Du Heiland der Welt.

Lass dieses Fest nicht an mir vorüberziehen,

ohne dein Kommen gespürt zu haben.

Stöbere mich in meinen Festvorbereitungen auf

und schenke mir Achtsamkeit für Gegenwärtiges.

Verleih mir die Gabe, Ja sagen zu können,

wenn Anfragen und Aufgaben auf mich zukommen.

Lass mich auch Nein sagen,

wenn ich Grenzen ziehen will.

Ohne Angst

und voller Dank für dein Kommen.

Wunder sind unberechenbar und bringen zum Staunen.

Wunder setzen Gesetzmäßigkeiten außer Kraft. Sie ersetzen Planung durch Staunen, Wissen durch Erleben, Verstand durch Geschehenlassen. Sich dem Wunder von Weihnachten zu öffnen, verlangt eigentlich nur das: sehen, hören, riechen, schmecken, fühlen. Der ganze Mensch darf sich wundern. Mit allen Sinnen.

Wundert es dich, dass ich mit allen Sinnen zu dir will?,
spricht Gott zu den Menschen.
Wundert es dich, dass du zu den Meinen dazu gerufen wirst?
Wundert ihr euch, dass ihr euer Glück
weitersagen sollt?
Singt mit den Engeln!
Bringt Taten in die Welt wie die Hirten!
Sucht nach neuen Erkenntnissen mit
den Sterndeutern!
Eure Wege begleite ich,
ich sehe euch an mit meiner Anerkennung
und mit meinen Wundertaten begegne ich euch.
Wenn das kein Wunder ist!